U0682492

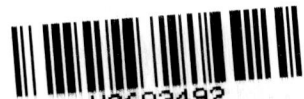

中庸

蔡志忠
编绘

蔡志忠少年国学系列

中国出版集团　现代出版社

目　录

中庸

程子说："不偏叫作中，不变叫作庸。中，是天下的正路；庸，是天下一定的道理。"

这篇是孔子门中师弟传授的心得之法，子思恐怕时间久了而有差错，所以把它写在书上，传授给孟子。这本书起初只说一个道理，中间散开为万事，最后又合为一个道理。

"舒展开来可以充塞整个宇宙，掩卷起来可以藏在最隐秘的地方。"它的味道无穷尽，都是实实在在的学问啊！善于读书的人，仔细探讨、玩味，便能得此中道理，那么，一世用它也是用不完的了。

第一章

天命之谓性，率性之谓道，修道之谓教。

道也者，不可须臾离也，可离非道也。是故君子戒慎乎其所不睹，恐惧乎其所不闻。莫见（xiàn）乎隐，莫显乎微。故君子慎其独也。

喜怒哀乐之未发，谓之中；发而皆中（zhòng）节，谓之和。中也者，天下之大本也；和也者，天下之达道也。致中和，天地位焉，万物育焉。

第二章

仲尼曰：“君子中庸，小人反中庸。君子之中庸也，君子而时中；小人之中庸也，小人而无忌惮也。”

第三章

子曰：“中庸其至矣乎！民鲜能久矣。”

第四章

子曰：“道之不行也，我知之矣：知（zhì）者过之，愚者不及也；道之不明也，我知之矣：贤者过之，不肖（xiào）者不及也。人莫不饮食也，鲜能知味也。”

第五章

子曰：“道其不行矣夫！”

第六章

子曰：“舜其大知（zhì）也与（yú）！舜好（hào）问而好察迩言，隐恶而扬善，执其两端，用其中于民，其斯以为舜乎！”

第七章

子曰："人皆曰予知（zhì），驱而纳诸罟（gǔ）擭（huò）陷阱之中，而莫之知辟（bì）也；人皆曰予知，择乎中庸而不能期（jī）月守也。"

第八章

子曰："回之为人也，择乎中庸，得一善，则拳拳服膺，而弗失之矣。"

第九章

子曰："天下国家可均也，爵禄可辞也，白刃可蹈也，中庸不可能也。"

第十章

子路问强。子曰："南方之强与？北方之强与？抑而强与？宽柔以教，不报无道，南方之强也，君子居之。衽（rèn）金革，死而不厌，北方之强也，而强者居之。故君子和而不流，强哉矫（qiáo）！中立而不倚，强哉矫！国有道，不变塞焉，强哉矫！国无道，至死不变，强哉矫！"

第十一章

子曰："素隐行怪，后世有述焉，吾弗为之矣。君子遵道而行，半途而废，吾弗能已矣。君子依乎中庸，遁世不见知而不悔，唯圣者能之。"

第十二章

君子之道，费而隐。夫妇之愚，可以与（yù）知焉，及其至也，虽圣人亦有所不知焉；夫妇之不肖（xiào），可以能行焉，及其至也，虽圣人亦有所不能焉。

第十三章

子曰："道不远人；人之为道而远人，不可以为道。《诗》云：'伐柯伐柯，其则不远。'执柯以伐柯，睨（nì）而视之，犹以为远。故君子以人治人，改而止。忠恕违道不远，施诸己而不愿，亦勿施于人。

"君子之道四，丘未能一焉：所求乎子以事父，未能也；所求乎臣以事君，未能也；所求乎弟以事兄，未能也；所求乎朋友先施之，未能也。庸德之行，庸言之谨，有所不足，不敢不勉；有余，不敢尽。言顾行，行顾言，君子胡不慥（zào）慥尔！"

第十四章

君子素其位而行，不愿乎其外。素富贵，行乎富贵；素贫贱，行乎贫贱；素夷狄，行乎夷狄；素患难，行乎患难。君子无入而不自得焉。

在上位，不陵下；在下位，不援上。正己而不求于人，则无怨。上不怨天，下不尤人。故君子居易以俟（sì）命，小人行险以徼（jiǎo）幸。

子曰："射有似乎君子，失诸正（zhēng）鹄（gǔ），反求诸其身。"

第十五章

君子之道，辟如行远，必自迩（ěr）；辟如登高，必自卑。

《诗》曰："妻子好合，如鼓瑟琴。兄弟既翕（xì），和乐且耽（chén）。宜尔室家，乐尔妻帑（nú）。"子曰："父母其顺矣乎！"

第十七章

子曰："舜其大孝也与！德为圣人，尊为天子，富有四海之内，宗庙飨（xiǎng）之，子孙保之。故大德必得其位，必得其禄，必得其名，必得其寿。故天之生物，必因其材而笃焉。故栽者培之，倾者覆之。《诗》曰：'嘉乐君子，宪宪令德。宜民宜人，受禄于天。保佑命之，自天申之。'故大德者必受命。"

第十八章

子曰："无忧者，其惟文王乎！以王季为父，以武王为子，父作之，子述之。

"武王缵（zuǎn）大（tài）王、王季、文王之绪，壹戎衣而有天下，身不失天下之显名，尊为天子，富有四海之内，宗庙飨之，子孙保之。"

第十九章

子曰："武王、周公，其达孝矣乎！夫孝者，善继人之志，善述人之事者也。春秋修其祖庙，陈其宗器，设其裳衣，荐其时食。

"宗庙之礼，所以序昭穆也；序爵，所以辨贵贱也；序事，所以辨贤也；旅酬下为上，所以逮贱也；燕毛，所以序齿也。践其位，行其礼，奏其乐，敬其所尊，爱其所亲，事死如事生，事亡如事存，孝之至也。

"郊社之礼，所以事上帝也；宗庙之礼，所以祀乎其先也。明乎郊社之礼，禘（dì）尝之义，治国其如示诸掌乎？"

第二十章

哀公问政。子曰："文武之政，布在方策。其人存，则其政举；其人亡，则其政息。人道敏政，地道敏树。夫政也者，蒲卢也。故为政在人，取人以身，修身以道，修道以仁。

"仁者，人也，亲亲为大；义者，宜也，尊贤为大。亲亲之杀（shài），尊贤之等，礼所生也。

"天下之达道五，所以行之者三，曰：君臣也，父子也，夫妇也，昆弟也，朋友之交也，五者天下之达道也。

"或生而知之，或学而知之，或困而知之，及其知之，一也。

（子曰：）"好学近乎知（zhì），力行近乎仁，知耻近乎勇。知斯三者，则知所以修身；知所以修身，则知所以治人；知所以治人，则知所以治天下国家矣。

"凡为天下国家有九经，曰：修身也，尊贤也，亲亲也，敬大臣也，体群臣也，子庶民也，来百工也，柔远人也，怀诸侯也。

"修身则道立，尊贤则不惑，亲亲则诸父昆弟不怨，敬大臣则不眩，体群臣则士之报礼重，子庶民则百姓劝，来百工则财用足，柔远人则四方归之，怀诸侯则天下畏之。

“凡事豫则立，不豫则废。言前定则不跲（jiá），事前定则不困，行前定则不疚，道前定则不穷。

“在下位不获乎上，民不可得而治矣；获乎上有道，不信乎朋友，不获乎上矣；信乎朋友有道，不顺乎亲，不信乎朋友矣；顺乎亲有道，反诸身不诚，不顺乎亲矣；诚身有道，不明乎善，不诚乎身矣。

“诚者，天之道也；诚之者，人之道也。诚者，不勉而中，不思而得，从容中道，圣人也；诚之者，择善而固执之者也。

“博学之，审问之，慎思之，明辨之，笃行之。有弗学，学之弗能，弗措也；有弗问，问之弗知，弗措也；有弗思，思之弗得，弗措也；有弗辨，辨之弗明，弗措也；有弗行，行之弗笃，弗措也。人一能之，己百之；人十能之，己千之。果能此道矣，虽愚必明，虽柔必强。”

第二十一章

自诚明，谓之性；自明诚，谓之教。诚则明矣，明则诚矣。

第二十二章

唯天下至诚，为能尽其性。能尽其性，则能尽人之性；能尽人之性，则能尽物之性；能尽物之性，则可以赞天地之化育；可以赞天地之化育，则可以与天地参（sān）矣。

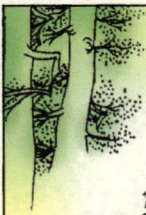

第二十三章

其次致曲，曲能有诚。诚则形，形则著，著则明，明则动，动则变，变则化。唯天下至诚为能化。

第二十四章

至诚之道，可以前知。国家将兴，必有祯祥；国家将亡，必有妖孽。见乎蓍（shī）龟，动乎四体。祸福将至，善，必先知之；不善，必先知之。故至诚如神。

第二十五章

诚者，自成也；而道，自道也。诚者，物之终始，不诚无物。是故君子诚之为贵。诚者，非自成己而已也，所以成物也。成己，仁也；成物，知也。性之德也，合外内之道也，故时措之宜也。

第二十六章

博厚配地，高明配天，悠久无疆。如此者，不见而章，不动而变，无为而成。

今夫天，斯昭昭之多，及其无穷也，日月星辰系焉，万物覆焉；今夫地，一撮土之多，及其广厚，载华岳而不重，振河海而不泄，万物载焉；今夫山，一卷石之多，及其广大，草木生之，禽兽居之，宝藏兴焉；今夫水，一勺之多，及其不测，鼋（yuán）鼍（tuó）、蛟龙、鱼鳖生焉，货财殖焉。

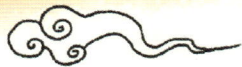

第二十七章

国有道，其言足以兴；国无道，其默足以容。《诗》曰："既明且哲，以保其身。"其此之谓与！

第二十八章

子曰："愚而好自用，贱而好自专，生乎今之世，反古之道，如此者，烖（zāi）及其身者也。"

第二十九章

故君子之道，本诸身，征诸庶民，考诸三王而不缪，建诸天地而不悖，质诸鬼神而无疑，百世以俟（sì）圣人而不惑。

是故君子动而世为天下道，行而世为天下法，言而世为天下则。远之则有望，近之则不厌。

《诗》曰："在彼无恶，在此无射。庶几夙夜，以永终誉。"君子未有不如此而蚤有誉于天下者也。

第三十章

仲尼祖述尧、舜，宪章文、武；上律天时，下袭水土。辟如天地之无不持载，无不覆帱（dào）；辟如四时之错行，如日月之代明。

第三十一章

唯天下至圣，为能聪明睿知（zhì），足以有临也；宽裕温柔，足以有容也；发强刚毅，足以有执也；齐庄中正，足以有敬也；文理密察，足以有别也。

第三十二章

唯天下至诚，为能经纶天下之大经，立天下之大本，知天地之化育。夫焉有所倚？肫（zhūn）肫其仁，渊渊其渊，浩浩其天！苟不固聪明圣知达天德者，其孰能知之？

第三十三章

《诗》曰："衣锦尚絅（jiǒng）。"恶（wù）其文之著也。故君子之道，闇（àn）然而日章；小人之道，的（dí）然而日亡。君子之道，淡而不厌，简而文，温而理，知远之近，知风之自，知微之显，可与入德矣。

《诗》云："予怀明德，不大声以色。"子曰："声色之于以化民，末也。"《诗》曰："德輶（yóu）如毛。"毛犹有伦。"上天之载，无声无臭。"至矣！

第一章

天命之谓性，率性之谓道，修道之谓教。

上天赋予人的禀赋
叫作“性”，
顺着本性去做
叫作“道”，
修明道的本末无偏失，
就是教化。

道也者，不可须臾离也，可离非道也。是故君子戒慎乎其所不睹，恐惧乎其所不闻。莫见乎隐，莫显乎微。故君子慎其独也。

这个道是片刻不可以离开的啊！如果可以离开，那就不是正道了。
所以君子在他人看不到的地方也会谨慎自省，
在他人听不到的地方也常心怀畏惧。
没有比居于隐暗处更容易显露本色的，
也没有比在细微处更容易显露真性情的，
所以君子在独处时总是格外谨慎。

喜怒哀乐的情感，在没有表现前，叫作“中”；
如果情感表达后，都合乎自然之理，就叫作“和”。
中，是天下事物自然的本体；
和，是天下人人共行的道路。
能够完全达到中和的地步，天地便可安居正位，万物便可顺遂生长了。

喜怒哀乐之未发，谓之中；发而皆中节，谓之和。中也者，天下之大本也；和也者，天下之达道也。致中和，天地位焉，万物育焉。

仲尼曰：『君子中庸，小人反中庸。君子之中庸也，君子而时中；小人之中庸也，小人而无忌惮也。』

第二章

孔子说：
君子的所做所为都合乎中庸之道，
小人的所做所为都违背中庸之道。

君子之所以能合乎中庸，是因为君子能随时居于中道，无过与不及；
小人之所以违背中庸，是因为小人不知此理，不生戒慎恐惧之心，而无所不为。

第三章

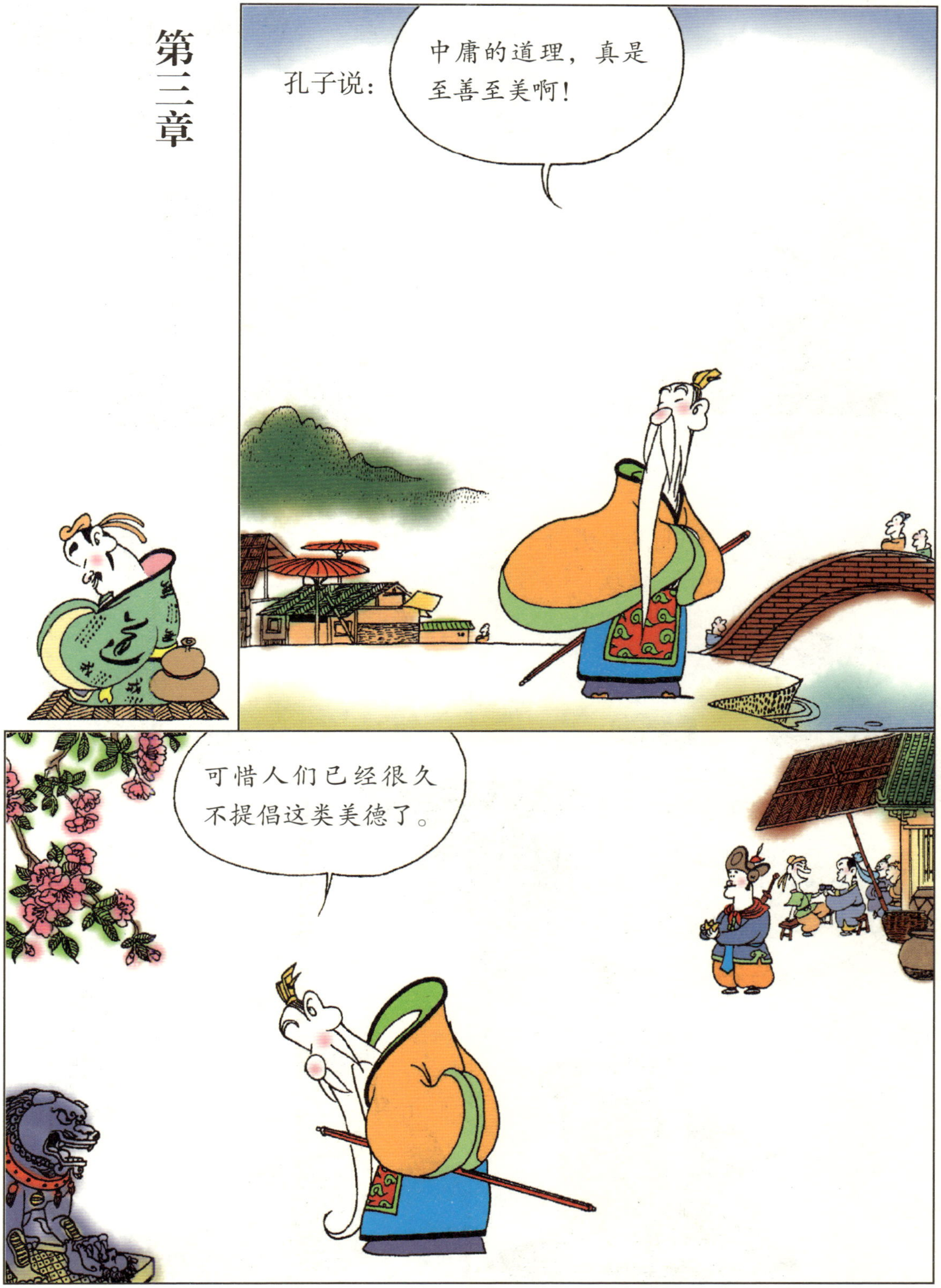

孔子说：
中庸的道理，真是至善至美啊！
可惜人们已经很久不提倡这类美德了。

子曰：『中庸其至矣乎！民鲜能久矣。』

子曰：『道之不行也，我知之矣：知者过之，愚者不及也；道之不明也，我知之矣：贤者过之，不肖者不及也。人莫不饮食也，鲜能知味也。』

第四章

中庸之道之所以不被提倡，我已经知道其原因了：
孔子说：

聪明的人太过于明白这道理，以为不值得去做；
而笨拙的人又根本不懂，不知道怎样去做。
中庸之道之所以不能显明，我已经知道其原因了：有才智的人做过分了，而没有才智的人却又做不到。
就好像人们每天饮水吃饭，但真正去品尝滋味的人，却少之又少。

第五章

子曰：『道其不行矣夫！』

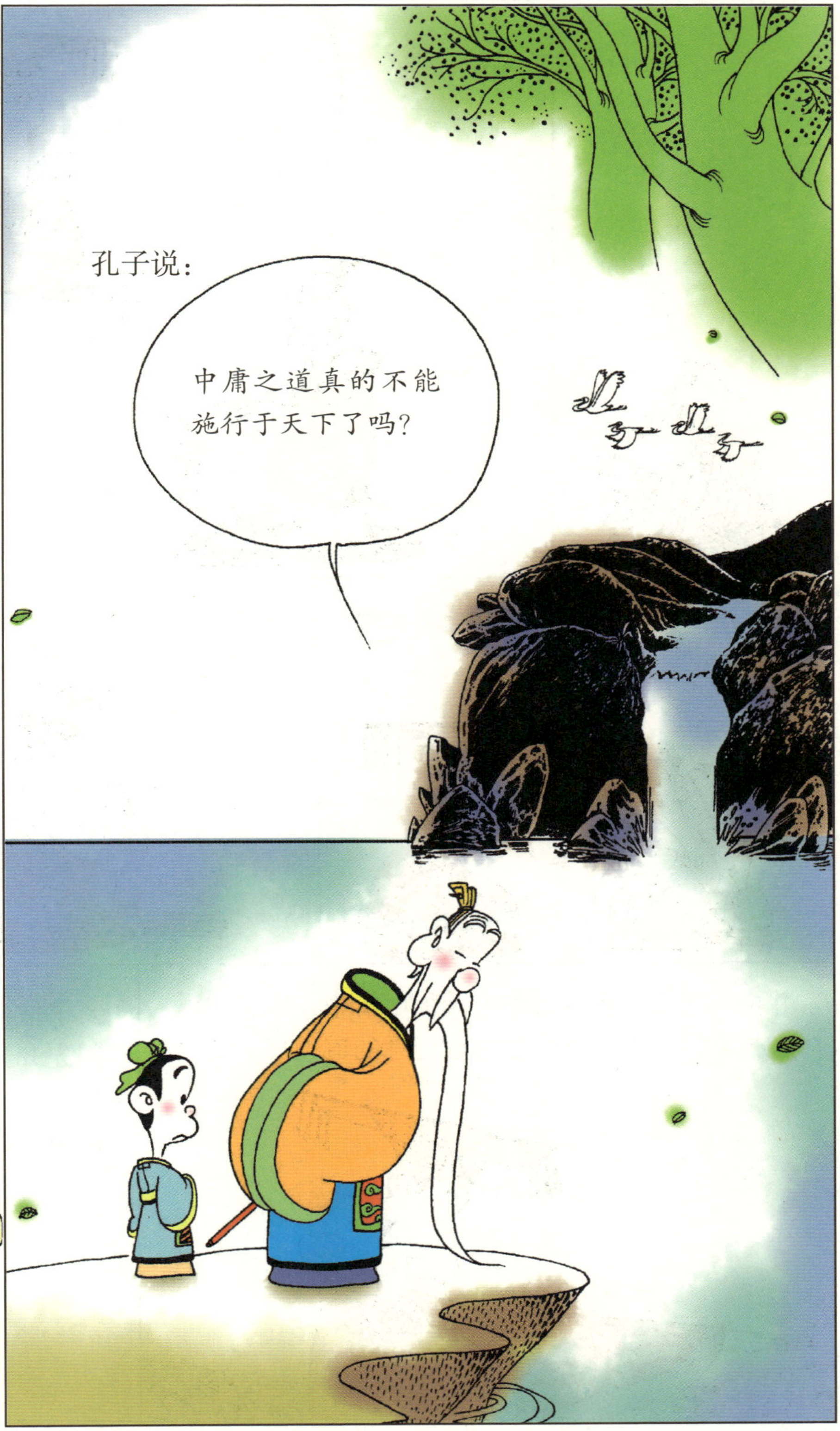

孔子说：
中庸之道真的不能施行于天下了吗？

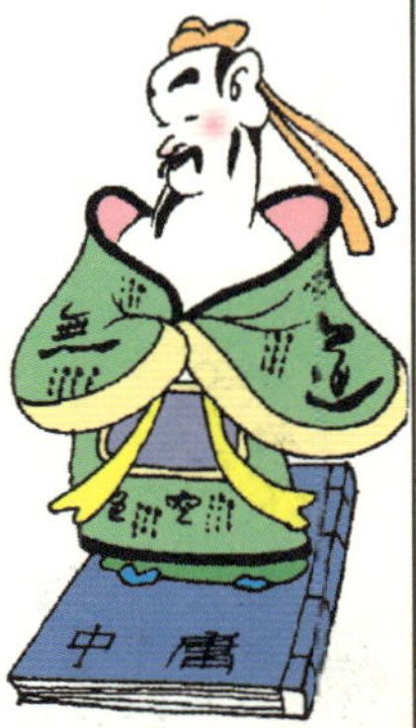

中庸

子曰：『舜其大知也与！舜好问而好察迩言，隐恶而扬善，执其两端，用其中于民，其斯以为舜乎！』

第六章

孔子说：
舜真是有大智慧的人啊！

他喜欢问问题，又善于考察分析话语的意思，
他能够包容人家的短处，宣扬人家的长处，
善
并把众多言论中的过与不及加以折中，取其中道施行于民。这就是他被尊称为舜的道理吧。
要求取事物的中，必须先知道其两端，然后衡量以取中再加以运用，以免偏失。

第七章

孔子说：
许多人都说自己聪明，
可却轻易被人驱入罗网、陷阱中而不知道避开；
许多人都说自己聪明，
可是要选择中庸之道，却不能坚持一个月的时间。
我不干了！
聪明的人都知道中庸之道的好处，但当面临问题时却往往不能遵循，知道道理而不能力行，不能算是真知。

子曰：『人皆曰予知，驱而纳诸罟擭陷阱之中，而莫之知辟也；人皆曰予知，择乎中庸而不能期月守也。』

子曰：『回之为人也，择乎中庸，得一善，则拳拳服膺，而弗失之矣。』

第八章

孔子说：
颜回在做人方面能够择取中庸之道。

他悟到一个好的道理时，就真切地把它放在心里，永远不会丢失。
至善之境，即把握住一个独一至善之理，心就能安定下来，不生妄念。

第九章

孔子说：
天下国家虽然很大，却可以治理得很太平；
高官厚禄虽然可贵，却有人能辞谢不受；
刀刃虽然很锐利，却有人能不畏生死踏过去；
中庸
中庸之道看起来很平常，却不容易做得到。
中庸的道理真是如此难吗？只是智者过之、愚者不及罢了。

子曰：『天下国家可均也，爵禄可辞也，白刃可蹈也，中庸不可能也。』

子路问强。子曰：『南方之强与？北方之强与？抑而强与？宽柔以教，不报无道，南方之强也，君子居之。衽金革，死而不厌，北方之强也，而强者居之。

第十章

子路问孔子：
怎样才是强？
你问的是南方人的强、北方人的强，还是你自己所谓的强呢？
用宽宏容忍的道理去教诲人，不报复人家的无理，这是南方人的强啊……
君子都安于此道。
睡觉时携兵刃、穿盔甲，战斗到死也不厌恨，这是北方人的强啊……
勇武好斗的人都安于此道。

所以君子和气待人而不同流合污，这是真强啊！
守中庸之道而不偏倚，这是真强啊！
国家有道时，不改变贫困时的操守，这是真强啊！
国家无道时，至死也不改变生平的志节，这是真强啊！
外在勇猛好斗的强不是真强啊！内心坚决容忍，守正不阿，才是真正的强！

故君子和而不流，强哉矫！中立而不倚，强哉矫！国有道，不变塞焉，强哉矫！国无道，至死不变，强哉矫！」

第十一章

子曰：『素隐行怪，后世有述焉，吾弗为之矣。君子遵道而行，半途而废，吾弗能已矣。君子依乎中庸，遁世不见知而不悔，唯圣者能之。』

孔子说：
追求隐僻不正的道理，做些诡异怪诞的事来欺世盗名，后世也许会有人称道他，但我是绝不会这样做的。

有些君子遵循中庸之道去做，有些人却半途而废，但我是不会中止的。
真正的君子依循中庸而行，即使隐遁山林不被人所知也不后悔，这只有圣人才能做得到。
大家都喜欢芝兰的香味，而讨厌鲍鱼的臭味，可是偏偏又有人喜欢吃臭豆腐，这是中庸之道吗？

第十二章

君子的中庸之道，功用虽很广大，实体却很精微。
就是平常的愚夫愚妇，也可以明白，
可是极精微之处，即使是圣人也未必会全部知晓。
中庸
讲到实行，就是愚夫愚妇，也可以实行，
可是讲到极精微之处，即使是圣人也会有做不到的地方。
道有知不知的问题，不传授、不讲究体会，是不能知道的！道有行不行的问题，不执守、不力行，是不能行的。

君子之道，费而隐。夫妇之愚，可以与知焉，及其至也，虽圣人亦有所不知焉；夫妇之不肖，可以能行焉，及其至也，虽圣人亦有所不能焉。

第十三章

子曰：『道不远人；人之为道而远人，不可以为道。《诗》云：「伐柯伐柯，其则不远。」

孔子说：
道是离人不远的；
道！
人们好高骛远反而使道与人远离，
那不能称之为中庸之道。
《诗经·豳（bīn）风·伐柯》篇说：削个斧柄啊！削个斧柄啊！可手中的旧柄样子就在眼前呀！

对照着旧斧柄来削新斧柄，若斜着眼睛看，还是会觉得两者相差很远，那就是认知偏差。
所以君子是以自身之道，去教导别人，使别人改正。
能做到尽己之心，推己及人，就离中庸之道不远了。
凡是别人加之于己身而自己不愿意的，也不要加之于别人身上。
!

执柯以伐柯，睨而视之，犹以为远。故君子以人治人，改而止。忠恕违道不远，施诸己而不愿，亦勿施于人。

『君子之道四，丘未能一焉：所求乎子以事父，未能也；所求乎臣以事君，未能也；所求乎弟以事兄，未能也；所求乎朋友先施之，未能也。

君子的四项忠恕之道，我还没有一件能做到：
孝
要求儿子以孝事父母，而我自己没有完全做到；
忠
要求臣以忠事君，而我自己没有完全做到；
悌
要求弟以敬事兄，而我自己没有完全做到；
信
要求朋友应该先施以信，而我自己没有完全做到。

平常的德行尽力实践，
平常讲话力求谨慎，
如有不够的地方，应勉力去做；
计划
有多余的言论，也不敢说尽。
!
说话要顾虑到行动，行动要顾虑到说话，想要做一个君子为什么不诚笃力行呢？
君子要以己之心，推己及人；更要能以责人之心，反责自己，这就能尽道了。

庸德之行，庸言之谨，有所不足，不敢不勉；有余，不敢尽。言顾行，行顾言，君子胡不慥慥尔！』

第十四章

君子素其位而行，不愿乎其外。素富贵，行乎富贵；素贫贱，行乎贫贱；

君子应就他所处的地位去做他应该做的事，不应该去做本分以外的事。
处在富贵的地位，就做富贵地位所应该做的事；
处在贫贱的地位，就做贫贱地位所应该做的事；

处在夷狄的地位，
就做夷狄地位所应
该做的事；
处在患难的地位，就做
患难地位所应该做的事。
君子守道安分，无论在什么地位
都是自得的。
任何地方都是最好
的地方，任何时间
都是最好的时间。
君子不论在何时何
地都能安然自得，
做他本分的事。

素夷狄，行乎夷狄；素患难，行乎患难。君子无入而不自得焉。

在上位，不陵下；在下位，不援上。正己而不求于人，则无怨。上不怨天，下不尤人。

处在上位不欺侮在下位的人；处在下位不攀附在上位的人。
端正自己而对别人无所要求，自然没有什么怨恨。
上不怨天，
下不归咎他人。

所以君子居心平易守住本位，以等待天命，
而小人不循正道，冒险行事去妄求非分的利益。
孔子说：
射箭很像君子做人的道理，
射不中，不怪别的，只能怨自己的功夫不好。
有仁德的君子必定乐天知命，才能顺应自然而不忧；小人则不明趋势，常存侥幸之心冒险以试，失败了还怨天尤人。

故君子居易以俟命，小人行险以徼幸。子曰：『射有似乎君子，失诸正鹄，反求诸其身。』

君子之道，辟如行远，必自迩；辟如登高，必自卑。

第十五章

君子做人的道理，
就像走远路必须从
近处起步，

就像登高山必须从低
处爬起一样。

《诗经·小雅·棠棣》篇说：与妻子儿女感情和睦，
像琴瑟之音一样和谐。
与兄弟感情融洽，其乐融融。
则家庭和顺，妻儿快乐。
孔子赞叹说：
这样，他的父母一定也顺心乐意了啊！
家庭的基础在于夫妇，夫妇和好则子女必定幸福，家庭和乐，父母当然心境顺畅舒适了。

《诗》曰：「妻子好合，如鼓瑟琴。兄弟既翕，和乐且耽。宜尔室家，乐尔妻帑。」子曰：「父母其顺矣乎！」

子曰：「舜其大孝也与！德为圣人，尊为天子，

第十七章

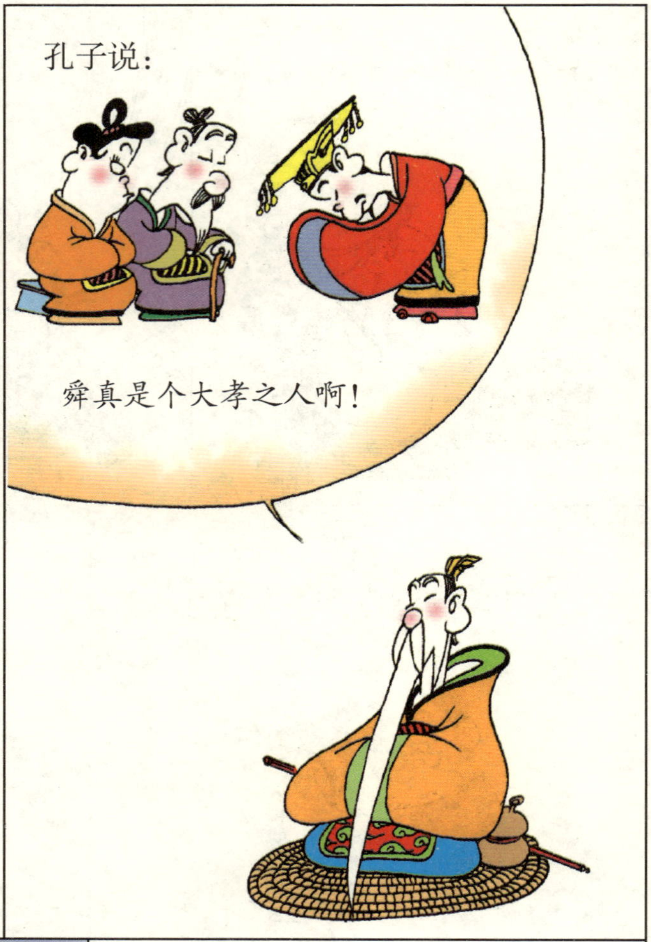
孔子说：
舜真是个大孝之人啊！

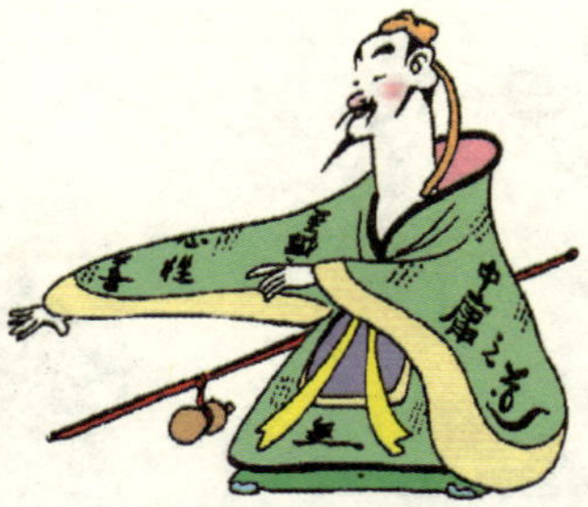

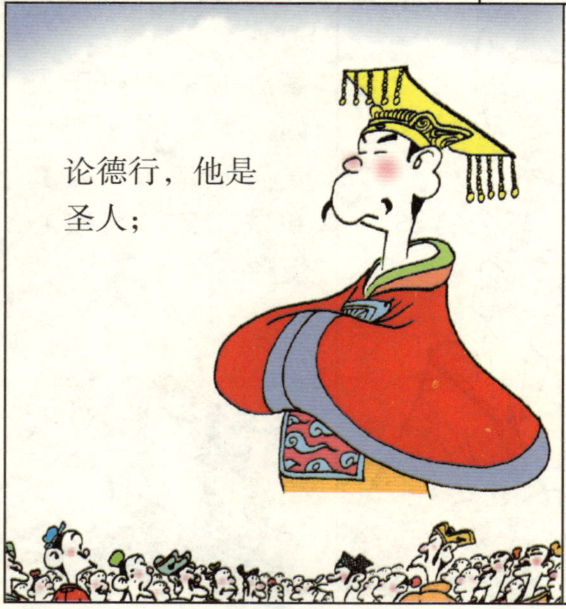
论德行，他是
圣人；

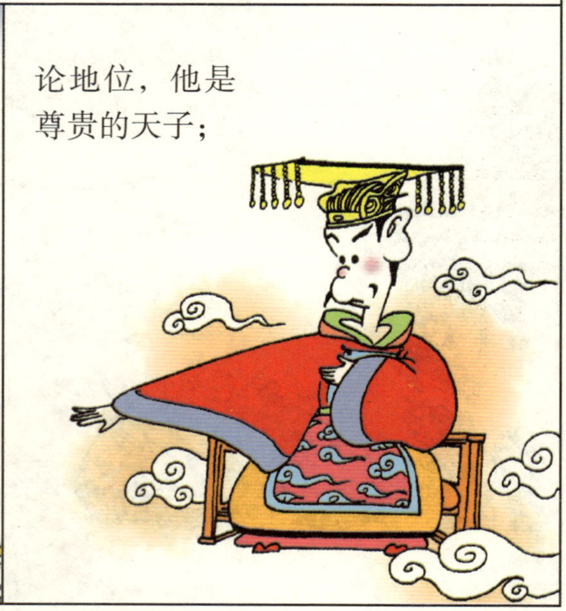
论地位，他是
尊贵的天子；

四海之大，都是他的财富。
后世在宗庙里祭祀他，子子孙孙永远保持这祭礼。
所以有大德的人一定得尊位，一定得厚禄，一定得美名，一定得高寿。
所以上天孕育万物，一定照它的资质而厚待它。
可以栽种的就培植它，要倾倒的就让它倒下。

富有四海之内，宗庙飨之，子孙保之。故大德必得其位，必得其禄，必得其名，必得其寿。故天之生物，必因其材而笃焉。故栽者培之，倾者覆之。

《诗》曰：「嘉乐君子，宪宪令德。宜民宜人，受禄于天。保佑命之，自天申之。」故大德者必受命。

《诗经·大雅·假乐》篇说：善良而愉悦的君子，有光明的美德。有益于民，所以能承受上天赐予的福禄。上天保佑他，并给他重大的使命。
有大德的人，必然能受天命而做天子。
能立身行道，有大功于国，大德于民，使人称赞他的德行而尊重其父母，这才是大孝。

第十八章

孔子说：
没有忧愁的人，恐怕只有周文王吧！

有王季做他的父亲，有武王做他的儿子，父亲创业在先，儿子又继志述事在后。
王季
文王
武王
周武王继承太王、王季、文王的基业，灭殷而得了天下。
声名显扬于天下，贵为天子，拥有天下的财富，死后受宗庙的祭飨，子子孙孙永远保持这祭礼。

子曰：『无忧者，其惟文王乎！以王季为父，以武王为子，父作之，子述之。『武王缵大王、王季、文王之绪，壹戎衣而有天下，身不失天下之显名，尊为天子，富有四海之内，宗庙飨之，子孙保之。』

第十九章

子曰：『武王、周公，其达孝矣乎！夫孝者，善继人之志，善述人之事者也。春秋修其祖庙，陈其宗器，设其裳衣，荐其时食。

孔子说：
武王和周公真是天下所通称的尽孝道的人啊！

所谓孝，就是能继承先人的遗志，完成先人的事业。
春秋二季祭祀的时候，修好祖庙，陈列好祭器，摆设先祖穿过的衣服，供奉应时的食物。
祭

宗庙祭祀的礼节，就是要左昭右穆，所有子孙按次序排列；
按官爵的大小排列，来辨别尊卑；
按分配祭祀时的职事，来分辨才能的高低；
子弟们皆要举酒杯以敬长辈，使酬饮也能普及于晚辈；
饮宴时，按须发的颜色定座位，来区分年龄的长幼。

『宗庙之礼，所以序昭穆也；序爵，所以辨贵贱也；序事，所以辨贤也；旅酬下为上，所以逮贱也；燕毛，所以序齿也。

践其位，行其礼，奏其乐，敬其所尊，爱其所亲，事死如事生，事亡如事存，孝之至也。「郊社之礼，所以事上帝也；宗庙之礼，所以祀乎其先也。明乎郊社之礼，禘尝之义，治国其如示诸掌乎？」

登先王的神位，行先王的礼仪，奏先王的音乐，
敬先王所尊敬的人，爱先王所亲爱的人，侍奉已死的尊亲，如同侍奉生前的他一样；
侍奉过世的祖先，如同他还活着一样，这便是尽孝的极致。
祭天地的礼节，是用来侍奉天地的。祭祖庙的礼节，是用来祭祀祖先的。
能明了祭天地的礼节和禘祭秋祭的意义，那么治理国家就像是看自己手掌一样的容易了。
孝的意义并不是只有养老送终而已，还要能继承遗志，完成其先人所未能完成的事，才是至孝。

第二十章

哀公问政。子曰：『文武之政，布在方策。其人存，则其政举；其人亡，则其政息。人道敏政，地道敏树。

鲁哀公问治国之道，孔子说：
文王、武王施政的方法，都记载在木版竹简等典籍上了。

只是他们在位时，这种政事才能实施，
他们死了，这种政事也废了。
以人施道，能使政教快速推行；
以道种树，能使树木快速生长。

夫政也者，蒲卢也。故为政在人，取人以身，修身以道，修道以仁。

仁人施政易见成效，就如同地上蒲苇的快速生长一样。
所以为政之道在于得到人才，
而得人才的方法在于修养自身。
要修身必须遵循天下人共守的法则，
要修道必须依据万物得于天的自然本性——仁。
德高于才谓之君子，才高德薄谓之小人。为政在人，用人最重要的原则是品德。

所谓仁，就是人性中本来具有的慈爱。
以亲爱自己的亲人为头等大事。
所谓义，就是事事得宜，以尊敬贤人为头等大事。
亲爱亲人而有等级，尊敬贤者而有等级，礼就由此产生。
礼的本义是节制情感。有了礼仪的实施才能调节至恰到好处，所以说仁义道德，非礼不成。

『仁者，人也，亲亲为大；义者，宜也，尊贤为大。亲亲之杀，尊贤之等，礼所生也。

『天下之达道五，所以行之者三，曰：君臣也，父子也，夫妇也，昆弟也，朋友之交也，五者天下之达道也。

君臣
父子
夫妇
兄弟
朋友
这五种关系就是天下人最根本的伦理关系。
人共生共存最根本的关系就是五伦，这五种伦理道德的基本精神在于仁爱。

有些人不必学习，天生就知道了以上的道理。
有些人是经过学习才知道的。
有些人则要下苦功去研究才知道。
可是到了他们都知道时，大家都一样了。
哈哈哈！我们都知道了！
人的天赋资质有高低，但经过努力，庸愚的人也能和天生才智之士一样了。

『或生而知之，或学而知之，或困而知之，及其知之，一也。

（子曰：）『好学近乎知，力行近乎仁，知耻近乎勇。知斯三者，则知所以修身；知所以修身，则知所以治人；知所以治人，则知所以治天下国家矣。

喜爱研究学问
就接近智了。
能够努力行善
就接近仁了。
知道什么是
羞耻就接近
勇了。
我知道错
了……
好学
力行
知耻
知道这三样，
就知道怎样去
修身了；
知道怎样修身，
就知道怎样去管
理众人了；
知道怎样管理
众人，就知道
怎样去治理天
下国家了。

凡是治理天下国家有九种不变的法则，那就是……
修养自身，
尊重贤人，
亲爱亲族，
礼敬大臣，
体恤群臣，
爱民如子，
招揽百工，
善待远客，
鲁界
安抚诸侯。

『凡为天下国家有九经，曰：修身也，尊贤也，亲亲也，敬大臣也，体群臣也，子庶民也，来百工也，柔远人也，怀诸侯也。

『修身则道立，尊贤则不惑，亲亲则诸父昆弟不怨，敬大臣则不眩，体群臣则士之报礼重，子庶民则百姓劝，

能修养自身，正道就能确立；
能尊重贤人，对于事理就不致疑惑；
皇兄对我们很好啊！
能亲爱亲族，伯叔兄弟就不会生怨恨；
是啊！
能礼敬大臣，临事就不会慌乱；
能体恤群臣，才智之士就会竭力报效；
能爱民如子，百姓就会自相劝勉来效忠；

能招揽百工，国家的财物就充足了；
能善待远客，四方的人就都来归附了；
能安抚诸侯，天下人就自然畏服了。

来百工则财用足，柔远人则四方归之，怀诸侯则天下畏之。

「凡事豫则立，不豫则废。言前定则不跲，事前定则不困，行前定则不疚，道前定则不穷。

任何事情，事前有准备就可以成功，没准备就会失败。
说话先有准备，就不致词穷理屈；
做事先有准备，就不会遭到过不去的困难；
行动前做好准备，事后就不会愧恨；
做人做事的道理先有定则，就不至于行不通。
说话要忠诚信实，做事要确切谨慎，谨言慎行即能无往不利。

处在下位，得不到上级的信任，
就无法治理人民。
要得到上级的信任有一定的方法；
朋友都不信任你了，上级怎能信任你？
要得到朋友的信任有一定的方法；
对自己的父母都不孝顺了，朋友怎能信任你？

『在下位不获乎上，民不可得而治矣；获乎上有道，不信乎朋友，不获乎上矣；信乎朋友有道，不顺乎亲，不信乎朋友矣；

顺乎亲有道，反诸身不诚，不顺乎亲矣；诚身有道，不明乎善，不诚乎身矣。

孝顺父母有一定的方法；
若是反省自身没有诚意，那就不能孝顺父母了。
使自身有诚意也有一定的方法；
若是不明白至善之所在，
那自身也就不能有诚意了。
“诚”不是手段，不是方法，是道德的根本，是做好人、行善事的原动力。

诚，是天然的道理。
诚，是人人应做到的。
“诚”是真实不妄的道理。日升月落，四时运作不停……就是这种大道的显示！人，怎么可以不诚实呢？

『诚者，天之道也；诚之者，人之道也。』

诚者，不勉而中，不思而得，从容中道，圣人也；诚之者，择善而固执之者也。

所谓诚，是不需要勉强就能相合的；
是不需要思考就能得道的；
一举一动都合于道，这只有圣人才做得到。
所谓实践之诚，就是要选择至善之道且坚守不渝。
只有圣人才能自然合道，平常人要用择善固执的功夫。学习从择善固执开始吧！注意，那可不是刚愎自用呀！

广博地学习，
详细地求教，
慎重地思考，
清楚地辨别，
大小
好坏
善恶
长短
高低
切实地践行。
除非不学，要学而没有学会，便绝不放弃；

『博学之，审问之，慎思之，明辨之，笃行之。有弗学，学之弗能，弗措也；

有弗问，问之弗知，弗措也；有弗思，思之弗得，弗措也；有弗辨，辨之弗明，弗措也；有弗行，行之弗笃，弗措也。人一能之，己百之；人十能之，己千之。果能此道矣，虽愚必明，虽柔必强。』

除非不问，要问而没有问清楚，便绝不放弃；
除非不想，要想而没有想清楚，便绝不放弃；
除非不分辨，要分辨而没有分辨清楚，便绝不放弃；
除非不实行，要实行而没有做出成绩，便绝不放弃。
别人学一遍就会了的，我学它一百遍也要学会；
别人学十遍就会了的，我学它一千遍也要学会。
果真能够这样做，即使是个笨人，也会变聪明的；
即使是个柔弱的人，也会变坚强的。
我明白了怎样做学问、做事情！要不断地学习，不断地积累，才能成功！天下没有免费的午餐！

第二十一章

自诚明，谓之性；自明诚，谓之教。诚则明矣，明则诚矣。

由至诚而自然明白善道，这叫作天性。
由明白善道而至于诚，这叫作人为的教化。
诚则无不明，
诚
明白道理也就做到诚了。
至诚的人，其心自然清澈没有私欲，才是有真正的智慧。

第二十二章

唯天下至诚，为能尽其性。能尽其性，则能尽人之性；能尽人之性，则能尽物之性；能尽物之性，则可以赞天地之化育；可以赞天地之化育，则可以与天地参矣。

唯有至诚的圣人，才能尽自己的本性；
能尽自己的本性，就能尽知他人的本性；
推己及人之道。
能尽知他人的本性，就能尽知万物的本性；
能尽知万物的本性，就能帮助天地间的万物化育；
能帮助天地间的万物化育，就可以与天地并立。

第二十三章

其次致曲，曲能有诚。诚则形，形则著，

次于圣人一等的贤人，不能如圣人完全尽其本性，
而致力于一方面的事理，
如此也能表现出诚。
诚
做到了忠诚就立刻表现于外，
能表现于外就会显著，

著则明，明则动，动则变，变则化。唯天下至诚为能化。

能显著就会发扬光大，
能发扬光大就可以感动他人，
能感动他人就能使事物产生变化，就能化育万物。
只有天下最诚的人能做到化育万物。

第二十四章

至诚之道，可以前知。国家将兴，必有祯祥；国家将亡，必有妖孽。

达到最高真诚之道的人，可以预知未来的事情。
国家将要兴盛时，定有吉祥的征兆；
国家将要灭亡时，定有凶祸的征兆。

见乎蓍龟，动乎四体。祸福将至，善，必先知之；不善，必先知之。故至诚如神。

这些征兆显现在蓍草龟甲的卦象上，
表现在人的动作仪态间。
福
祸
吉
凶
福祸将来临时，是福可以预先知道，是祸也可以预先知道。
至诚的人，心能安定，不生妄念，能由其因而推断其果，知道自然的趋势，因而能预知福祸。
所以至诚的人就像神明一样。

第二十五章

诚
诚，是完成自己人格的要件；
道，则是引导自己走向完善的道路。
诚是万事万物的始终本末，不诚就虚妄无物了。
所以君子把“诚”看得特别宝贵。

诚者，自成也；而道，自道也。诚者，物之终始，不诚无物。是故君子诚之为贵。

诚者，非自成己而已也，所以成物也。成己，仁也；成物，知也。性之德也，合外内之道也，故时措之宜也。

诚，并不是仅成就自己就算了，而是要拿它来成就万事万物。
所以成就自己，就做到仁；
仁
而成就万事万物，发挥他们本身的才德，就是智。
智
仁和智都是天生的德行，综合外成物、内成己的法则，
智
仁
所以时时施行，都是适宜的。
诚是万事万物的根本，是我们本性所固有的！

第二十六章

广博深厚好比是地；
高大光明好比是天；
悠远无穷是没有时间的界限。
能够像这个样子，自己不必有所表现，自然就会彰明；
不必有所动作，自然就能感人化神；
不必有所施为，自然就能成就远大。

博厚配地，高明配天，悠久无疆。如此者，不见而章，不动而变，无为而成。

今夫天，斯昭昭之多，及其无穷也，日月星辰系焉，万物覆焉；

比方说天，不过是由一点点光亮所积累而成的，
等到成为无穷大时，日月星辰都悬挂在上面，
万物都被覆盖在下面。

再拿地来说，不过是由一小撮土所积累而成的，
等到形成广大深厚的大地时，载负着华岳那样高的山也不觉其重，
收容着黄河大海那么多的水也不会泄漏，万物都载负其上。
再说山吧，不过是由拳头大的石头所积累而成的，
等到形成高大的山岳时，草木生长在上面，

今夫地，一撮土之多，及其广厚，载华岳而不重，振河海而不泄，万物载焉；今夫山，一卷石之多，及其广大，草木生之，

禽兽居之，宝藏兴焉；今夫水，一勺之多，及其不测，鼋鼍、蛟龙、鱼鳖生焉，货财殖焉。

禽兽也栖息
在上面，
宝贵的矿产也在那儿被
发掘出来。
再说水吧，不过是由一勺
一勺的水所积累而成的，
等到成为深不可测的海洋时，鼋鼍、蛟龙、鱼鳖
等都居于此，财富也从这里生产出来。
由天地山水得
知天地之道是
博厚、高明、
悠久的，则人
的德行应效法
配合，才能做
到天人合一。

第二十七章

国家有道的时候，君子的言论足以振兴国家；
……
国家无道的时候，君子的沉默可以保身。
《诗经·大雅·烝民》篇说：“既明事理，而又睿智，可以安保自身。”就是这个意思吧！
3

国有道，其言足以兴；国无道，其默足以容。《诗》曰：『既明且哲，以保其身。』其此之谓与！

第二十八章

子曰：「愚而好自用，贱而好自专，生乎今之世，反古之道，如此者，烖及其身者也。」

孔子说：
愚笨的人偏要自以为是；
我的意见最好。
卑贱的人偏爱自作主张；
古人古事
生在当今，偏要恢复古代的做法；
这样的人，一定会祸及自身的。

第二十九章

故君子之道，本诸身，征诸庶民，考诸三王而不缪，建诸天地而不悖，质诸鬼神而无疑，百世以俟圣人而不惑。

统治天下的君王，要做议礼、制度、考文三事，先要根据本身的德行验证老百姓是不是信服遵从，
再考查夏、商、周三代王者的法度而完善自己的行为，
立于天地之间而不悖逆天道，质问鬼神也没有疑误，
等到百世以后圣人出来也不会有什么疑惑了。
议礼、制度、考文，这三件事是天子的职责，但要谨慎小心！

是故君子动而世为天下道，行而世为天下法，言而世为天下则。远之则有望，近之则不厌。

有道君子的举动可以世世代代做天下人共行的常道，
他的行为可以世世代代为天下人所效仿，
他的言语可以世世代代成为天下人的准则。
在远处的人仰望他，在近处的人也不讨厌他。
他是成功的帝王，万民都仰望他！赞美他！

《诗经·周颂·振鹭》篇说："在那里无人厌恶，在这里也无人厌倦，希望早晚能勤勉不懈，永远保持他的美誉。"
有德行的君子没有不照着这样做，
而能早早享有好的声誉于天下的。
人见人敬，努力不懈怠，才能永葆美名啊！

《诗》曰：『在彼无恶，在此无射。庶几夙夜，以永终誉。』君子未有不如此而蚤有誉于天下者也。

第三十章

仲尼祖述尧、舜，宪章文、武；上律天时，下袭水土。辟如天地之无不持载，无不覆帱；辟如四时之错行，如日月之代明。

孔子宗奉尧、舜之道，
近守文王、武王之法；
上顺天时的自然运行，
下合水土的生成之理。
好比天地没有不能负载的，没有不能覆盖的；
又好比四季的更替运行，日月的交替辉映。

第三十一章

唯天下至圣，为能聪明睿知，足以有临也；宽裕温柔，足以有容也；发强刚毅，足以有执也；齐庄中正，足以有敬也；文理密察，足以有别也。

只有天下最伟大的圣人，能具有聪明睿智之质，足以居上而临下；
宽大温和，足以包容众人；
奋发刚毅，足以决断大事；
庄重端正，足以使人尊敬；
条理详明，足以辨别是非。
非
是

第三十二章

唯天下至诚，为能经纶天下之大经，立天下之大本，知天地之化育。

只有天下至诚的圣人，才能治理天下人伦的纲常；

确立天下人道人性的本源；
知道天地对于万物的变化养育。

圣人又何尝
有什么别的
倚靠呢？
他的态度诚恳，是仁心的表现；
他的思想深
沉，就像深
渊一样；
他的胸襟广阔，就像天一样。
要不是本来就聪明
睿智而通达天德，
谁又能知道他呢？

夫焉有所倚？肫肫其仁，渊渊其渊，浩浩其天！苟不固聪明圣知达天德者，其孰能知之？

《诗》曰：「衣锦尚絅。」恶其文之著也。故君子之道，闇然而日章；小人之道，的然而日亡。

第三十三章

《诗经·卫风·硕人》篇说："穿着彩色的绸衣，外面还要加上一层单衫。"这是嫌那绸衣太显眼了。
我没有什么才能，请多包涵。
你太谦虚了！
才能好得很呢！
所以君子的为人之道，表面上是文采不露，日子久了，就自然一天天显现出来了。
我诗书画样样都行。
太好了！
诗书画样样都不行！
小人的为人之道，表面上是文采鲜明，可是日子久了，就渐渐地消亡了。

君子做人的道理，看起来简易却有文采，看起来温和却有条理。
知道远是由近开始的，
知道教化他人需以身作则，
知道隐微的开端会有显明的后果。
能明白这样的道理，就可以进入圣人的境界了。
真诚者寡言，虚伪者多辩。能诚于中必形于外，自然能显明。

君子之道，淡而不厌，简而文，温而理，知远之近，知风之自，知微之显，可与入德矣。

《诗》云：『予怀明德，不大声以色。』子曰：『声色之于以化民，末也。』《诗》曰：『德𬨎如毛。』

《诗经·大雅·皇矣》篇说：
“我怀着美德来感化人民，
而不用厉声厉色。”
孔子说：
用厉声厉色去感化人民，那是最末等的方法。
《诗经·大雅·烝民》
篇说：“化民之德，轻
如羽毛。”

可是羽毛虽轻，还是有物可与之比拟的。
《诗经·大雅·文王》篇说：“上天行四时化育万民，没有声音也没有气味。”
这才是至高无上的境界啊！
以德化民，有这三种不同的境界呀！千万不能因赞颂之声而自满自大！

毛犹有伦。『上天之载，无声无臭。』至矣！

图书在版编目（CIP）数据

中庸 / 蔡志忠编绘 . -- 北京 : 现代出版社，
2023.2
（蔡志忠少年国学系列）
ISBN 978-7-5231-0053-0

Ⅰ. ①中… Ⅱ. ①蔡… Ⅲ. ①《中庸》- 少年读物
Ⅳ. ① B222.1-49

中国版本图书馆 CIP 数据核字 (2022) 第 218093 号

中　　庸

编　　绘：蔡志忠
策划编辑：赵海燕
责任编辑：申　晶　毕椿岚
出版发行：现代出版社
通信地址：北京市安定门外安华里 504 号
邮政编码：100011
电　　话：010-64267325　64245264（传真）
网　　址：www.1980xd.com
印　　刷：北京飞帆印刷有限公司

开　　本：710mm × 1000mm　1/12
印　　张：7.5　　　　字　　数：58 千
版　　次：2023 年 3 月第 1 版　　印　　次：2023 年 3 月第 1 次印刷
书　　号：ISBN 978-7-5231-0053-0
定　　价：28.00 元

版权所有，翻印必究；未经许可，不得转载